AF296232

Extrait des Mémoires de l'Académie des Sciences, Inscriptions & Belles-Lettres
de Toulouse.

HISTOIRE

DE L'UNIVERSITÉ DE TOULOUSE

FRAGMENT:

Par M. GATIEN-ARNOULT.

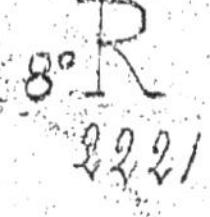

J'ai formé, il y a déjà bien longtemps, le projet d'écrire l'*Histoire
de l'Université de Toulouse*, depuis sa fondation en 1229, jusqu'à sa
suppression à la Révolution de 1789. Je voulais aussi dans une *Introduction* (1) résumer ce que nous savons sur l'enseignement dans la ville de
Toulouse, avant la fondation de l'Université, et encore exposer ce qu'il
a été depuis la Révolution et sous le régime de l'Université de France qui
dure depuis 1810, avec des modifications plus ou moins profondes. Dans
cette intention, j'ai recueilli un grand nombre de *Notes* dont je me suis
servi, à l'occasion, pour des leçons à la Faculté des lettres, pour des
lectures aux Académies des sciences, inscriptions et belles-lettres et des
Jeux Floraux, pour des articles de Revues et pour de nombreux fragments, restés en portefeuille. D'autres travaux et d'autres occupations
m'ont empêché de les réunir et de les compléter pour en former un corps
où *et pes et caput uni reddatur formæ*. Je suis revenu tout récemment
à ce projet, avec le désir sinon l'espoir de le réaliser comme il le faudrait et comme je le voudrais. Le *fragment* qui suit est le commencement de cette entreprise. Je ne le donne pourtant pas comme un travail
définitif. Ce n'est encore que l'essai d'un *ouvrage que je remettrai peut-
être vingt fois sur le métier*, suivant un conseil devenu proverbial.

L'Histoire de l'Université de Toulouse me paraît devoir se diviser en
plusieurs périodes (dont je ne vois maintenant que les premières), et
dont chacune pourra fournir la matière d'un livre, divisé en plusieurs
chapitres. Ce qui suit sera le premier livre, comprenant les dix années
de 1229 à 1239. G. A.)

(1) Voir une esquisse de cette Introduction, dans les Mémoires de l'Académie,
année 1857, p. 202, article intitulé : *Note sur les commencements de l'Université de
Toulouse.*

CHAPITRE PREMIER.

Fondation de l'Université de Toulouse. — Nomination des maîtres. — Programme des leçons. — Organisation de l'Université. — Séance d'inauguration. — Discours d'un prédicateur. Année 1229.

La guerre dite des Albigeois était terminée. Le traité de paix entre Louis IX, roi de France, et Raymond VII, comte de Toulouse, convenu à Meaux, aux mois de janvier et de février 1229, avait été conclu à Paris, et juré par Raymond, devant le grand portail de la cathédrale de Notre-Dame, le jour du Jeudi-Saint, 12 avril de la même année.

Un article spécial de ce traité portait que le comte Raymond payerait pendant dix ans le salaire de quatorze professeurs, ainsi classés et désignés : quatre maîtres en théologie, deux décrétistes, six maîtres ès-arts libéraux et deux grammairiens. Chaque maître en théologie devait recevoir par an cinquante marcs d'argent ; chaque décrétiste, trente marcs ; chaque maître ès-arts libéraux, vingt marcs ; et chaque grammairien, dix marcs (1).

Cet article est l'acte authentique de l'origine et du commencement de l'Université de Toulouse : il en représente la charte de fondation.

Cette institution n'était donc pas un produit naturel du sol et du temps dans la capitale de Languedoc. Elle y était improvisée en un seul jour par la volonté du vainqueur, qui en faisait une condition de la paix qu'il accordait au vaincu. L'obligation imposée à Raymond d'employer chaque année pendant dix ans 400 marcs d'argent de ses revenus à payer les maîtres régents pouvait être une mesure de précaution pour suppléer aux rétributions scholaires qu'on prévoyait devoir être peu considé-

(1) Voir le texte de cet article, Mém. de l'Acad. Note citée, p. 205. Ce texte y est suivi d'un paragraphe fautif qui s'y trouve, on ne sait comment.

rables dans ces commencements, en supposant qu'on les y établît (2).

Le légat du Pape, Romain, cardinal du titre de Saint-Ange, principal acteur dans toutes les négociations relatives à ce traité, eut naturellement la mission de choisir et de nommer les maîtres qui composeraient la nouvelle Université. Il devait s'en entendre avec l'évêque de Toulouse, Foulques. L'un et l'autre se déchargèrent de ce soin sur l'abbé de Grand-Selve, Elie Guarin, qui avait joué aussi un grand rôle dans ces négociations, en qualité de fondé de pouvoir du comte Raymond.

Cet abbé fit son choix, au moins en grande partie, parmi les maîtres de Paris, qui étaient tous alors disponibles par suite de la suspension des leçons que l'Université avait décrétée, depuis le carême de cette année, pour obtenir une justice qu'on lui refusait. Le légat fit de grands présents à ceux qui se décidèrent à accepter cette mission ; et il les conduisit lui-même à Toulouse (3).

Nous ne connaissons le nom que de deux d'entre eux : l'un, qui était maître en théologie, ROLAND *de Crémone* ; l'autre, qui était régent de grammaire, JEAN *de Garlande*.

Tous s'empressèrent d'arriver à Toulouse, pour y ouvrir leurs cours, dans le second ordinaire (ou second semestre), après Pâques. Ils publièrent presque aussitôt une Lettre circulaire qui a été conservée par Jean de Garlande, et dont il fut lui-même probablement l'auteur, ou du moins le principal rédacteur. Elle était comme le Manifeste, le Prospectus ou le Programme de la nouvelle Université. En voici la traduction exacte et complète :

(2) Le pape Grégoire IX, dans une lettre au comte de Toulouse, en 1233, lui rappelait expressément qu'on avait voulu que les Maîtres de la nouvelle Université fussent assurés d'un salaire, afin de pouvoir se livrer entièrement à l'étude et à l'enseignement. *In civitate Tolosanâ, Magistris ut liberius possent vacare studiis et doctrinis fuit promissum certum salarium.*

(3) Sur la source d'où ces détails sont tirés, ainsi que quelques-uns de ceux qui suivent, voir Mém. de l'Acad. id. p.206. Cependant il y a quelques inexactitudes qu'il faut rectifier par ce qui est dit ici.

Lettre des Maîtres de Toulouse à toutes les Ecoles qui fleurissent en d'autres pays.

A tous les Fidèles du Christ, et principalement aux Maîtres et aux Ecoliers étudiant par toute la terre, qui verront cette présente lettre, l'Université des Maîtres et des Ecoliers, qui établissent les études à Toulouse sur une nouvelle base, persévérance dans la bonne vie, avec une fin heureuse.

Il n'y a point de solide fondement pour une œuvre qui n'est pas fermement assise sur le Christ, fondement de notre sainte mère l'Eglise. Faisant donc attention à cela, nous nous sommes efforcés de toutes nos forces à donner le Christ pour fondement durable des études philosophiques à Toulouse, et à construire sur ce fondement un édifice, auquel travaillent avec nous tous ceux dont la bonne volonté sera éclairée, pour cela, des rayons lumineux de l'Esprit Saint. Car le bienheureux Augustin dit : « Dieu prépare la bonne volonté » qui doit être aidée, et il aide celle qui est préparée. Lui-même il » prévient celui qui ne veut pas, pour le faire vouloir ; et il suit celui » qui veut, pour qu'il ne veuille pas en vain. »

C'est pourquoi, nos très-chers, veuillez tous, vous unissant à nous, préparer au Seigneur une bonne volonté, afin que, la trouvant préparée, il la conduise à l'accomplissement des œuvres saintes, et que, dans ces lieux, où naguères les glaives vous ont fait un chemin, vous combattiez avec l'aiguillon de la langue; où les ravages de la guerre ont étalé leurs horreurs, vous soyez les soldats de la doctrine qui pacifie; *où la dépravation hérétique a étendu les épines de sa forêt, vous fassiez monter jusqu'aux astres le cèdre de la foi catholique.* Et pour que vous ne soyez pas effrayés des difficultés d'un si grand travail, nous vous avons ouvert la voie, nous avons supporté les premiers ennuis, nous avons déployé devant vous l'étendard de la sécurité; nous, comme vos écuyers vous précédant, nous avons fait que vous, chevaliers de la philosophie, vous puissiez combattre plus sûrement avec l'art de Mercure, les traits de Phébus et la lance de Minerve.

De même, pour que vous ayez confiance dans la stabilité de l'établissement que nous venons de fonder, nous n'avons accepté le fardeau qui nous était imposé qu'avec l'autorisation de l'Eglise. Car nous avions notre Moyse dans le seigneur Cardinal, légat en France, notre guide, notre protecteur, et l'auteur, après Dieu et le seigneur Pape, de cette entreprise si difficile, qui a décrété que tous les étudiants à Toulouse, Maîtres et Écoliers, auront l'indulgence plénière de tous leurs péchés.

Par ces motifs, et à cause *de la continuité des leçons et des discussions que les maîtres font avec plus de soin et plus d'exactitude qu'à Paris*, une grande multitude d'écoliers afflue à Toulouse, voyant que déjà les fleurs ont apparu en notre terre et que le temps de la taille est arrivé. C'est pourquoi, qu'aucune Déidamie ne retienne notre nouvel Achille, soldat de la philosophie, et ne l'empêche d'aller à une autre Troie, dont Statius, le poëte de Toulouse (1), pourrait dire encore :

> Là est tout l'honneur : là combattent les grands noms.
> A peine les mères timides et les troupes de jeunes filles s'abstiennent-elles.
> Celui-là est condamné à une longue vie stérile
> Et haï de Dieu, qui reste indolent en présence de cette gloire nouvelle,
> Et en laisse passer l'occasion.

Que tout homme bien pensant devienne donc un courageux Achille, de peur que quelque lâche Thersite n'usurpe le laurier promis au magnanime Ajax : qu'il vienne au moins, à présent que la guerre est finie, admirer l'ardeur des nouveaux soldats, l'ardeur des soldats de la philosophie.

Et pour que les hommes studieux soient plus engagés à venir voir la gloire de Toulouse et son ardeur pour l'étude, qu'ils sachent que c'est une autre terre promise, où coulent le lait et le miel, où verdoient de riches prairies, où les arbres fruitiers étalent leur feuillage, où Bacchus règne dans les vignes, où Cérès commande dans les champs, où l'air est si bien tempéré que les anciens philosophes préféraient ce séjour à tous les lieux de la terre les plus estimés.

Oh ! combien sont incompréhensibles les grandeurs de Dieu tout-puissant !

> Ici est la paix ; ailleurs, dans tout l'univers, Mars exerce ses fureurs,
> Mais ces lieux connaissaient aussi naguères Mars et la mort.

En outre, pour que vous n'apportiez pas vos hoyaux vers des champs stériles et incultes, les Maîtres qui lisent à Toulouse ont ar-

(1) Dante disait aussi que Stace était de Toulouse, quoiqu'il fût de Naples.

raché les chardons de la rusticité plébéienne et les épines de la sauvage stérilité, et ils ont éloigné tous les autres obstacles. Ici, en effet, les Théologiens instruisent leurs disciples dans les chaires, et le peuple sur les places publiques; les Logiciens initient aux arts libéraux les apprentis aristotéliciens; les Grammairiens exercent à parler suivant les règles ceux qui ne savent encore que balbutier; les Chanteurs flattent les oreilles du peuple par l'instrument de leur gosier emmiellé; *les Décrétistes font voir Justinien;* et les Médecins enseignent Galien.

Ceux qui veulent étudier jusque dans la moelle le sein de la nature peuvent entendre lire ici les LIVRES SUR LA NATURE, *interdits à Paris.*

Que vous manquera-t-il donc? *La liberté scholastique? Nullement, parce que n'étant retenus par les rênes de personne, vous jouirez de votre propre liberté.* Craindriez-vous la méchanceté d'un peuple en fureur ou la tyrannie d'un prince injuste? Ne craignez rien, parce que la libéralité du Comte de Toulouse nous a donné des garanties suffisantes pour notre salaire et pour la sécurité de tous les nôtres, soit qu'ils viennent à Toulouse, soit qu'ils s'en retournent. *S'ils souffrent quelque dommage, de la part des voleurs, sur les domaines du Comte, il mettra les forces du Capitole de Toulouse à la poursuite des malfaiteurs, et en exigera la même satisfaction que pour des citoyens.*

A ce que nous avons dit, nous ajoutons, comme nous l'espérons, que le seigneur Légat appellera encore d'autres Théologiens et d'autres Décrétistes pour donner plus d'étendue aux études, et qu'il fixera le temps que les écoliers devront séjourner à Toulouse pour gagner l'Indulgence (à moins que leur séjour ne soit empêché, ce qu'à Dieu ne plaise! par le Prévaricateur, ennemi du genre humain), de sorte que cette terre et cette nation soient conquises aux Romains combattant par le mystère triomphal de la Croix qui sauve le monde.

Quant au prix des choses qu'on a besoin d'acheter, il n'est pas cher: vous pouvez en être sûrs par ce que nous avons dit plus haut. Vous pouvez vous en rapporter aussi à la renommée, comme à notre témoignage, et encore à ces vers:

> Pour peu l'on a le vin; pour peu l'on a le pain;
> Pour peu l'on a la viande, et pour peu le poisson.

Il ne faut pas oublier de parler des Curions populaires. Car *ici la Puissance curiale paraît avoir fait alliance avec la Milice et le Clergé.*

Si vous voulez donc admirer plus de biens que nous ne vous en avons dit, abandonnez vos foyers paternels, en attachant vos manteaux à votre cou, et adoptant cette maxime morale de Senèque : « Je verrai toutes les terres, comme si elles m'appartenaient, et la » mienne comme si elle appartenait à tout le monde ; je vivrai comme » si je savais que tous me connaissent ; car ce qui est digne de » l'homme, c'est d'essayer de grandes choses et d'en concevoir de plus » grandes (4). »

Outre les renseignements divers et curieux que cette lettre donne sur les conditions générales de la vie à Toulouse, en ce temps-là, sur les dispositions manifestées par le Roi, le Comte, leurs officiers et les consuls, sur l'attitude des maîtres, leur manière de parler, leur art de s'annoncer et de se faire valoir pour attirer à eux un grand nombre d'écoliers, quatre points sont principalement à signaler. Ils se rapportent à l'enseignement, tel qu'il y fut alors constitué dans ce qu'on nommait le *Studium tolosanum*.

Premièrement, les décrétistes ou professeurs de Droit y enseignaient à la fois le Droit canon ou ecclésiastique et le Droit civil ou romain : en même temps qu'ils lisaient les Décrets ou lois de l'Eglise, ils lisaient aussi le Code de Justinien ou lois de l'Empire. — Cet enseignement était interdit dans l'Université de Paris (5).

(4) Voir le texte latin de cette lettre, Mém. de l'Acadé. id., p. 209.

(5) Le pape Honorius, par son édit de 1220, avait interdit l'enseignement du droit civil ; et l'évêque de Paris, très-attentif aux études, ne permettait pas qu'il en fût autrement.

Le dispositif de cet édit portait : *Firmiter interdicimus et districtius inhibemus ne Parisius vel in civitatibus seu aliis locis vicinis quisquam docere vel audire* ius civile *præsumat. Et qui contra fecerit non solum a causarum patrociniis interim excludatur, verum etiam per episcopum loci excommunicationis vinculo innodetur.*

Toutefois le considérant de cet édit doit être remarqué. Le Pape ne se déclare pas ennemi du droit civil ou romain, mais il le juge inutile parce qu'il n'est pas en usage en France ni dans quelques provinces, et qu'il peut presque toujours être remplacé par le droit canon. *Licet sancta Ecclesia* legum sæcularium *non respuat famulatum quæ æquitatis et justitiæ vestigia imitantur, quia tamen in Francia et nonnullis provinciis Laïci* romanorum imperatorum legibus *non utuntur et occurrunt raro ecclesiasticæ causæ tales quæ non possint statutis canonicis expediri, ut plenius sacræ paginæ insistatur...*

Parce que les *lois des empereurs romains* étaient en usage dans la province de Toulouse, l'interdiction n'y avait pas sa raison d'être ; et il était convenable que les *décrétistes* expliquassent *Justinien*.

Secondement, au nombre des maîtres ès-arts libéraux, se trouvaient des physiciens ou médecins qui expliquaient la doctrine de Galien.

Troisièmement, les logiciens ou dialecticiens, qu'on appelle autrement professeurs de philosophie, lisaient et expliquaient Aristote, sans en excepter les livres sur la nature qui étaient interdits à Paris (6). Ceux qui voulaient *étudier jusque dans la moelle le sein de la nature* pouvaient donc le faire à Toulouse.

Quatrièmement, enfin, tous étaient assurés de trouver à Toulouse pleine et entière *liberté de l'Ecole, sans être retenus par les rênes de personne*, ni obligés de recourir, comme à Paris, à la suspension des leçons ou à la grève, pour résister à l'oppression.

Il est évident que les rédacteurs de cette lettre insistaient sur ces détails pour gagner la faveur publique à leur nouvel établissement. On peut croire qu'ils ne se refusaient pas à en exagérer la supériorité. Quel programme est exempt de cette faiblesse et de cette ruse?

Quoi qu'il en soit, on voit que l'Université de Toulouse eut, dès le commencement, l'équivalent des quatre Facultés, de Théologie, de Droit, de Médecine et des Arts (7).

---

(6) L'interdiction des livres d'Aristote sur la philosophie naturelle avait été décrétée par le Concile de 1209 : *Ne libri Aristotelis de naturali philosophia... legantur Parisiis publicè vel secreto. Et hoc sub pœna excommunicationis inhibemus.*

Elle était consignée dans un article exprès du règlement de l'Université, fait par le légat du pape, Robert de Courçon, et devenu la loi de l'enseignement, en 1215 : *Nec legantur libri Aristotelis de naturali philosophia, nec summa de eisdem.*

Elle était si peu levée en 1229 que le pape Grégoire IX la rappelait et renouvelait dans le Règlement de 1231 : *Libris illis naturalibus qui in Concilio provinciali ex certa causa prohibiti fuere Parisiis non utantur, quousque examinati fuerint et ab omni errorum suspicione purgati.*

Ainsi la décision du Légat du Pape, celle du Pape lui-même et celle du Concile qui prohibaient ces livres étaient nulles ou comme non avenues pour les rédacteurs du Programme. Ils semblent avoir supposé que ces décisions ne regardaient que Paris et qu'elles n'étaient point applicables à Toulouse, terre de franchise. Les excommunications lancées contre tous les lecteurs de ces livres, en public ou en secret, ne leur donnaient aucun souci. Quelque difficile que cela paraisse à expliquer, c'était

Les débats sur ces livres d'Aristote et d'autres, et les événements auxquels ils donnèrent lieu, forment un épisode très-intéressant et très-instructif de l'enseignement à cette époque.

(7) Sur les commencements de l'Université de Toulouse, à l'époque de sa fondation, j'ai fait les deux premières leçons de mon cours à la Faculté des lettres, année 1865-66, les 5 et 11 décembre 1865. Le résumé en a été imprimé à cette époque.

Il était naturel, conforme aux usages et spécialement convenable aux circonstances du temps et du lieu que cette Université
eût l'équivalent de ce qu'on appellerait aujourd'hui sa séance
d'inauguration, dans une grande solennité religieuse. Cette
cérémonie eut lieu, en effet, suivant les probabilités, le jour
de l'Ascension, 24 mai, dans l'église de Saint-Jacques (8).

L'orateur chargé du Discours aux Maîtres et aux Écoliers du
novum studium fut un moine de l'ordre de Citeaux, nouvelle-
ment arrivé à Toulouse, en même temps que les Maîtres, peut-
être même avec eux et amené aussi de Paris, par le légat du
Pape. Il se nommait Helinand, alors prédicateur célèbre, après
avoir été un célèbre trouvère. Son discours *ad clericos scholares*
nous a été conservé.

La partie principale de cette œuvre, celle qui était speciale-
ment destinée à la solennité extraordinaire du jour, contenait
un développement, remarquable à quelques titres, de la pensée
bien commune, « que la science est inutile sans la vertu ; »
que « la vertu est seule nécessaire ; » et que « la science cher-
chée par les philosophes et enseignée dans les écoles est plus
nuisible qu'utile quand elle détourne de la vertu : » ce qui est
arrivé le plus souvent et ce qui arrive surtout de notre temps,
disait le prédicateur.

« Voilà qu'aujourd'hui les jeunes gens cherchent à Paris
» les arts libéraux ; à Orléans, les auteurs ; à Bologne, les
» codes ; à Salerne, les boîtes (à remèdes) ; à Tolède, les dé-
» mons (ou la magie) ; et nulle part ils ne cherchent la vertu.
» Car je ne dis pas seulement qu'il n'est question de la vertu
» qu'en dernier lieu ; mais je dis qu'il n'en est jamais question.
» On cherche partout la science, et nulle part la vie suivant la

---

(8) Cette église de Saint-Jacques était située dans la rue qui porte encore ce nom et
dans celle dite de Sainte-Anne. Une vieille tradition racontait qu'elle avait été bâtie
par Charlemagne. Elle était du moins très-ancienne : une charte de Charles-le-Chauve
la confond avec l'église cathédrale elle-même : *Ecclesiam Sancti Stephani seu Jacobi.*
Il n'en reste plus rien maintenant, si ce n'est peut-être un pan de muraille et une
porte dans la petite cour qui sépare la préfecture de la chapelle Sainte-Anne. Plus
tard, les docteurs y recevaient leur grade.

» vertu ; cette vie sans laquelle la science ne sert à rien , sans
» laquelle elle n'est rien. »

Il disait ailleurs : « Nous voyons des hommes qui font de
» longs voyages pour s'instruire. Tandis que beaucoup d'autres
» se donnent toutes sortes de peines pour s'enrichir, les Maîtres
» et les Écoliers parcourent les villes et le monde entier pour
» devenir des savants et ce qu'on appelle des *sages*. Mais cette
» sagesse n'est le plus souvent que folie. En effet, de ces études
» où l'on apprend toujours sans rien savoir, de ces voyages où
» l'on marche toujours sans arriver jamais à la vérité, de cette
» science ou de cette sagesse qui ne sert à rien pour le salut,
» que peut-on retirer , sinon de la folie?

» Le poëte l'a dit : *Insani sapiens nomen feret, œquus iniqui ,*
» *Ultra quam satis est virtutem si petat ipse.* (Le sage portera le
» nom de fou, le juste celui d'injuste, s'il cherche la vertu au-
» delà de ce qu'il faut.) Et ils cherchent la science au-delà de
» ce qu'il faut, ceux qui ne l'acquièrent qu'aux dépens de la
» vertu. — L'Apôtre aussi l'a dit : *Ne soyez pas plus savant qu'il*
» *ne faut : nourrissez-vous de la science avec sobriété. — Il vaut*
» *mieux ignorer une chose,* disait encore Jérôme, *que de l'appren-*
» *dre avec danger de perdre la vertu.*

» Et le bienheureux Benoît s'apercevant que, dans les écoles,
» un grand nombre d'étudiants se précipitaient dans les abîmes
» de tous les vices, en même temps qu'ils devenaient habiles
» dans les arts libéraux, résolut d'y renoncer. En effet, il quitta
» le monde où il avait déjà posé le pied : il le quitta, ignorant
» suivant ce monde lui-même, mais vraiment savant au sein
» de cette ignorance. »

Ces traits et beaucoup d'autres semblables dont ce discours
est plein pouvaient être pris pour une critique, au moins indi-
recte, de certains passages de la Lettre-Prospectus des professeurs. Plus ceux-ci s'attachaient à élever bien haut la science,
à en vanter l'excellence et à en inspirer le désir et l'amour ,
plus celui-là s'attachait, au contraire, à la rabaisser, à en
diminuer les mérites et à la faire dédaigner et même redouter.
En vain les Maîtres annonçaient leur ferme résolution de *faire*
monter jusqu'aux astres le cèdre de la foi catholique dans cette

ville et ce pays de Toulouse, où *la dépravation hérétique avait étendu les épines de sa forêt*, leur science était toujours suspecte : on l'accusait d'avoir au moins des tendances à l'hérésie. L'Eglise avertissait l'Ecole qu'elle la surveillait : elle lui recommandait de se surveiller elle-même : elle lui ordonnait d'être prudente et sage.

CHAPITRE II.

Ordonnance du roi contre les hérétiques. — Synode contre les mêmes.— Discours prononcé à l'ouverture et à la clôture du Synode par Héti-nand. Année 1229.

L'horreur de l'hérésie et le désir de l'extirper dans le pays de Toulouse, qui avaient amené la guerre dite *albigeoise*, ne cessèrent pas alors d'animer le clergé, la cour, beaucoup de seigneurs, des nobles, des bourgeois et la multitude des fidèles catholiques. Ce désir était d'autant plus vif que les hérétiques continuaient d'être nombreux, même parmi ceux qui consentaient à abjurer publiquement et des lèvres leurs croyances. Ils trouvaient de tous côtés des partisans, des protecteurs et des défenseurs : les uns partageaient en secret plusieurs de leurs opinions ; les autres approuvaient certaines de leurs tentatives de réforme ; d'autres encore voulaient qu'on les tolérât et qu'on cessât de les poursuivre, par compassion pour leurs malheurs, ou par indulgence pour leurs faiblesses. Ils demandaient pardon et oubli. Mais les vainqueurs ne voulaient généralement ni oublier, ni pardonner. Si les pécheurs refusaient de se convertir sincèrement et ostensiblement, ils demandaient leur mort, ou du moins leur punition exemplaire.

Cédant à ce sentiment, le Roi, quelques jours après la conclusion du traité de paix avec le comte Raymond, signa contre les hérétiques de Toulouse et autres lieux l'ordonnance dite

Cupientes (1), qui dut être publiée dans cette ville en même temps que la Lettre-Programme des maîtres de l'Université y circulait, et qu'on s'y entretenait du discours d'Hélinand.

Par cette ordonnance, le Roi défendait à toute sorte de personnes de recevoir les hérétiques, de les défendre, de les favoriser et de les croire en quoi que ce fût. Ceux qui contreviendraient à cette défense ne seraient plus reçus à venir en témoignage, ni promus aux honneurs et aux dignités : ils seraient incapables de succéder et leurs biens seraient confisqués, sans pouvoir jamais leur revenir à eux-mêmes ni à leur postérité.

Il était commandé aux barons, aux baillis et à tous les sujets du Roi de rechercher les hérétiques, de ne rien négliger pour les trouver et de les dénoncer aux ecclésiastiques qui avaient pouvoir de les juger, afin qu'il en fût fait prompte justice.

Parce qu'il semblait juste d'honorer, de récompenser et d'encourager ceux qui se livreraient consciencieusement à cette recherche et à cette dénonciation des hérétiques, les baillis donneraient pour chaque hérétique pris dans leur bailliage, au dénonciateur, deux marcs pendant deux ans, et dans la suite un marc.

Il était commandé à ceux qui en avaient la charge juridique de forcer par les peines temporelles à rentrer dans l'unité catholique ceux qui seraient demeurés dans l'excommunication pendant un an ; et leurs biens ne leur seraient rendus qu'après qu'ils auraient été absous et qu'ils auraient donné pleine satisfaction à l'Eglise. Même en ce cas, la restitution n'aurait lieu que sur un ordre exprès du Roi.

Il était ordonné à tous d'éviter ces excommuniés (2).

(1) Cette ordonnance royale d'avril 1229 est dite *Cupientes*, parce que ce mot commence la première phrase des Considérants :

Cupientes imprimis ætatis et regni nostri primordiis illi servire a quo regnum recognoscimus et id quod sumus, desideramus ad honorem ipsius qui nobis culmen dedit honoris quod Ecclesia Dei, quæ in partibus vestris longo tempore fuit afflicta et tribulationibus innumeris conquassata, in nostro Domino honoretur et feliciter gubernetur...

(2) Texte des articles de l'ordonnance *Cupientes*, cités en traduction.

a. Ne quis hæreticos receptare vel defensare quomodo libet aut ipsis favere aut credere quoquo modo præsumat. Et si aliquis contra prædicta facere præsumat, nec

Cette ordonnance, avec les commentaires dont on l'accompagnait, paraît avoir excité de vifs mécontentements et provoqué des projets de résistance dans tout le pays, principalement à Toulouse.

Le cardinal de Saint-Ange, qui continuait d'être légat du Pape, voulut en triompher. A cette fin il convoqua un synode, qui fut une assemblée mixte d'ecclésiastiques, de seigneurs et de bourgeois, pour édicter les mesures que les circonstances lui semblaient exiger. L'ouverture de cette assemblée eut lieu au mois de novembre, peut-être le jour de la Toussaint, dans l'église de Saint-Jacques, par une cérémonie religieuse (messe du Saint-Esprit?) où l'orateur fut encore Hélinand.

Dans son discours, il insista d'abord sur la nécessité où se trouvent les chefs des peuples de décréter fréquemment des lois nouvelles : car elles sont continuellement réclamées par la faiblesse et la malice innées dans les enfants d'Adam. Cette néces-

ad testimonium nec ad honorem aliquem admittatur; nec possit habere testimonium nec successionem alicujus hæreditatis habere; ipsius mobilia et immobilia quæ sunt ipso facto publicata decernimus ad ipsum vel ad potestatem ipsius ulterius nulla tenus reversura.

b. Ut Barones nostri et Bailivi nostri et alii subditi nostri præsentes et futuri solliciti sint et intenti terram purgare hæreticis et hæretica fœditate, præcipimus quod prædicti diligenter investigare studeant et fideliter invenire; et cum eos invenerint præsentent sine moræ dispendio personis ecclesiasticis supra memoratis (sc. Episcopo loci vel alii personæ ecclesiasticæ quæ potestatem habeant condemnandi) ut eis præsentibus de errore et hæresi condemnatis, omni odio, prece, pretio, timore, gratia et amore postpositis, de ipsis festinare facient quod debebunt.

c. Verum quia honorandi sunt et muneribus provocandi qui ad inveniendum et capiendum hæreticos sollicite diligentiam suam exerceant, statuimus et volumus et mandamus ut Bailivi nostri in quorum bailiviis capti fuerint hæretici, pro quolibet hæretico postquam fuerit de hæresi condemnatus, usque ad biennium solvant duas marcas integre capienti, post biennium autem unam.

d. Si aliqui per annum contumaciter in excommunicatione perstiterint, ex tunc temporaliter compellantur redire ad ecclesiasticam unitatem, ut quos a malo non retrahit timor Dei saltem pæna temporalis compellat. Unde præcipimus quod Bailivi nostri omnia bona talium excommunicatorum et immobilia post annum capiant, nec eis aliquando restituant donec prædicti absoluti fuerint et ecclesiæ satisfactum, nec tunc etiam nisi de nostro speciali mandato.

e. Ut excommunicati vitentur secundum canonicas sanctiones.

(Voir l'ordonnance entière dans Catel, *Histoire des Comtes de Toulouse,* l. II, p. 340.)

sité, disait-il, se fait principalement sentir dans le temps présent et dans le pays de Toulouse, par la malice des hérétiques et par la faiblesse de ceux qui deviennent leurs complices. — Il établit ensuite que les vrais chefs des peuples, ceux à qui il appartient d'édicter les lois nouvelles pour remédier au désordre, sont les chefs de l'Eglise qui ont reçu de Dieu tout pouvoir d'arracher, de détruire, de disperser relativement au mal, et celui d'édifier et de planter relativement au bien, suivant le mot de Jérémie : *Ecce constitui te hodie super 'gentes et regna ut evellas et destruas et disperdas et œdifices et plantes.* — Il s'attacha à prouver la vérité de ce mot, non-seulement par l'autorité de celui qui l'a prononcé, mais encore par l'exemple de tous les peuples et par le raisonnement. L'oubli de cette vérité, ajoutait-il, est la source de tous les désordres qu'on voit sur la terre et la cause du spectacle que présente le champ de l'humanité, où croissent partout les mauvaises herbes qu'il faudrait brûler, comme dit le poëte : *Neglectis urenda silix innascitur agris.* De là vient aussi que les peuples sont sans discipline. « Or, qu'est-ce qu'un peuple sans discipline, sinon un peuple
» qui ne veut pas se laisser gouverner par ses maîtres légitimes;
» qui se laisse au contraire emporter, sans loi et sans frein,
» au-delà des limites raisonnables, n'écoutant que sa propre
» volonté, semblable à un animal sauvage et indompté, qui
» s'élance, se précipite et court en liberté à travers les champs,
» portant partout le ravage et s'exposant lui-même aux plus
» grands dangers? C'est le peuple à qui s'applique le mot de
» Job : *Vir vanus in superbiam erigitur et tanquam pullum
» onagri se liberum natum putat.* (L'homme vain s'insurge avec
» orgueil, et comme le petit de l'onagre, il s'imagine qu'il est
» né libre). » — Il terminait en faisant l'éloge du cardinal légat du Pape, président de l'assemblée; en recommandant d'avoir pour lui la plus grande déférence à cause de la dignité dont il était revêtu et aussi à cause de son caractère personnel; et en conseillant d'accepter, non-seulement sans murmure ni opposition, mais avec faveur et reconnaissance les règlements et ordonnances qu'il apportait. « Ces ordonnances sont nom-
» breuses; mais nul ne s'en plaindra, s'il considère combien

» sont nombreuses aussi les épines dont il faut purger notre
» champ. Car on y voit partout des masses énormes d'herbes,
» non-seulement inutiles, mais nuisibles ; et il faut les arracher
» toutes, si l'on veut obtenir quelques fruits. Or, un seul coup
» de faulx ni une seule ordonnance ne suffisent pas pour une
» telle œuvre ; plusieurs sont nécessaires. Autrement, à quoi
» servirait-il d'arracher une épine et de laisser les autres,
» comme dit le poëte : *Quid te exempta juvat spinis de pluribus
» una?* Une étincelle suffit souvent pour allumer un vaste in-
» cendie, et une seule épine pour former tout un fourré... Souf-
» frez donc qu'un grand nombre d'ordonnances vienne abattre
» la forêt de nos anciens vices. »

Ainsi fut-il fait. On édicta quarante-cinq canons, dont plusieurs regardaient l'établissement de l'*Inquisition* dans le pays,
pour la recherche des hérétiques. Entre eux s'en trouve un qui
défend aux laïques d'avoir chez eux d'autres livres de l'Ancien
et du Nouveau-Testament que le Psautier et le Bréviaire, en
latin ; il ne leur était pas permis de les avoir traduits en langue
vulgaire. Un autre canon portait que les suspects d'hérésie ne
pourraient pas être médecins (3).

Cette assemblée qui tint plusieurs séances se termina vraisem-
blablement par une autre cérémonie religieuse (messe d'actions
de grâce et *Te Deum?*), dans l'église de Saint-Jacques, où ce
qu'on peut nommer le discours de clôture fut encore prononcé
par Hélinand.

Ce discours s'adressait spécialement aux ecclésiastiques, à
qui l'orateur rappelait leurs devoirs qui sont indiqués par la
seule étymologie du mot *sacerdos*, *qui dicitur sacrum dans*. Son
intention principale paraît avoir été de leur persuader que,
s'ils ont le droit de revendiquer le gouvernement des peuples
(comme il l'a établi dans son premier discours d'ouverture),
ils ont le devoir de s'en montrer dignes. Le vrai sacerdoce des

(3) Voir le texte entier dans la collection des *Conciles*, tome 11, p. 427 et suiv. —
Voir l'analyse dans l'*Histoire de Languedoc*, liv. xxiv. §. 63. — Voir les principaux
articles dans l'*Histoire des comtes de Toulouse*, par Catel, liv. II, p. 342-43.

catholiques doit se distinguer du faux sacerdoce des païens et des hérétiques; surtout des hérétiques pires que les païens, et qui ne sont que les prêtres des démons. Car « ce sont bien les » démons impurs, disait-il, qui se servent aujourd'hui parmi » nous des prêtres hérétiques, comme ils se servaient autrefois » des prêtres des idoles. Que les prêtres de Dieu n'imitent » donc pas ces prêtres du diable; qu'ils se vêtent vraiment » de justice et de sainteté; c'est-à-dire qu'ils n'en aient pas » seulement les apparences, comme les faux prêtres et les » maîtres d'erreur, mais qu'ils en portent en eux-mêmes toute » la réalité. » Si les accusations lancées contre beaucoup d'entre eux sont fondées en tout ou seulement en partie, ils doivent s'empresser de ne plus les mériter en se corrigeant; et si elles sont imméritées, leur vie doit être exemplaire au point de les placer au-dessus de tout soupçon (4).

Le mouvement d'opinion indiqué par ces discours et par les actes auxquels ils se rapportaient et s'associaient dut exercer de l'influence sur les maîtres de la nouvelle Université. C'est pourquoi il doit être remarqué : et si les détails qui précèdent paraissent d'abord une digression hors d'œuvre, ils ne le sont pas en réalité.

Le pape Grégoire IX ne manqua pas d'ailleurs de rappeler à plusieurs reprises et en termes formels que cette Université de Toulouse était *instituée pour réfuter fortement l'hérésie,* contre laquelle venaient d'être édictés les statuts proposés par son légat (5).

(4) Sur Hélinand et son rôle à Toulouse, j'ai fait plusieurs leçons dans mon cours à la Faculté des lettres, pendant le mois de décembre 1865. Un résumé s'en trouve dans la *Revue de Toulouse,* livraison du mois de mai 1866.

(5) En voici un exemple, dans une lettre au comte Raymond (1236, 4 kalendas maii) : *Venerabilis frater noster Portuensis episcopus, sancti Angeli subdiaconus Cardinalis,... commisso sibi legationis officio,... ut fides catholica statui antiquo plene posset restitui,... concilio propter hoc Tolosæ habito, nonnulla statuta edidit ac* AD HÆRESIM FORTIUS CONFUTANDAM SACRÆ PAGINÆ ET ALIARUM ARTIUM STUDIUM *ordinavit.*

CHAPITRE III

Commencement de l'Université de Toulouse. — État du Studium. — Faculté de Théologie, Roland de Crémone. — Faculté des arts, Jean de Garlande. — Faculté de Médecine, Loup l'Espagnol. — Faculté de Droit. — Difficultés. — Désaccord entre l'Université et la Municipalité. — Diminution du Studium. — Départ de Jean de Garlande et de Roland de Crémone. Années 1229 à 1232.

Constituée, comme il a été dit, avec quatorze maîtres régents, représentant les quatre Facultés, de théologie, de droit, de médecine et des arts, l'Université de Toulouse paraît avoir été d'abord assez florissante. Ce qu'on avait annoncé et espéré put se réaliser au moins en partie. Il y eut foule autour des Théologiens instruisant leurs disciples dans les chaires et le peuple sur les places publiques, autour des Décrétistes expliquant Justinien et les canons, autour des Médecins enseignant Galien, autour des Logiciens initiant aux arts libéraux les apprentis aristotéliciens et lisant les livres sur la Nature, autour des autres Maîtres ès arts, et enfin autour des Musiciens qui apprenaient à flatter les oreilles par l'instrument d'un gosier emmiellé (1). Mais les détails nous manquent.

Entre les quatre maîtres qui composaient la Faculté de théologie, Roland de Crémone, de l'ordre des Dominicains, fut le plus distingué : il est au moins le seul dont on nous ait conservé le nom.

Après être resté assez longtemps en Italie, soit à Crémone, sa ville natale, soit à Bologne où il étudia, pratiqua et enseigna la médecine, il était passé en France, à Paris, où il avait abandonné la médecine pour la théologie, et s'était fait dominicain. En 1229, il y jouissait d'une grande réputation

(1) Ce sont les paroles de la Lettre des maîtres, ci-dessus, p. 6.

comme docteur; c'était une raison pour que l'abbé de Grand-Selve désirât qu'il fût chargé d'enseigner la théologie à Toulouse, et il l'obtint (1).

Les leçons que Roland de Crémone fit dans la nouvelle Université et ailleurs encore paraissent avoir été résumées par lui dans un livre du genre de ceux qu'on appelait alors une Somme, *Summa theologiæ* (2). Mais elle est perdue depuis un grand nombre d'années; on n'en trouve nulle part aucune trace et la tradition n'en apprend rien. — En revanche, nous connaissons quelques traits de sa conduite à Toulouse, dont nous parlerons bientôt.

D'autres maîtres de théologie purent être pris parmi les Dominicains, qui étaient établis à Toulouse depuis une quinzaine d'années. Ils y habitaient alors une maison près de l'église Saint-Romain (Saint-Rome), où des élèves constamment appliqués à la lecture et à l'étude de l'Écriture Sainte copiaient les livres que des maîtres leur expliquaient. L'un d'eux vers ce temps était ALEXANDRE, très-renommé par sa science, qui fut depuis évêque de Chester en Angleterre, où il mourut en 1238 (3).

Les Franciscains, qui étaient établis à Toulouse depuis le même temps environ que les Dominicains, purent aussi donner quelque maître de théologie. ANTOINE *de Padoue*, qui mourut en 1231, fut peut-être celui-là, puisque, même avant d'entrer

(1) Lego fratrem Rolandum cremonensem, ordinis Prædicatorum, doctorem famosissimum, Parisiis Tolosam evocatum... Tolosæque primus omnium nascentis Academiæ in theologia professor fuit, maximo populi concursu, undique scholasticis advenientibus. (Percin, *Monumenta conventus tolosani*, t. II. *Opusculum de Academiâ tolosanâ*, p. 152.)

(2) Summam gloriosam compilavit (Id. id.).

(3) *Juxta ecclesiam sancti Romani extructum est monasterium et in eo cellæ accommodatæ studiis, satisque aptum dormitorium ubi sexdecim fratres (sc. Dominicani), plus minus morabantur... Studio et lectioni sacræ scripturæ jugiter insistentes, tantum in scribendo libros opus faciebant et eos a magistris suis diligentissime audiebant... Per hos dies quidam* MAGISTER *scientia clarissimus, nomine* ALEXANDER, *qui fuit postea Castrensis episcopus (non est urbs nunc dicta Castres)* THEOLOGIAM TOLOSÆ PROFITEBATUR... Obiit anno 1238. (Percin, *Monumenta*, t. 1, p. 19.) Sur l'établissement des Frères prêcheurs à Toulouse, voir l'*Hist. de Lang.*, l. XXII, § 247, et les additions et notes de Dumège.

dans cet ordre, il avait enseigné glorieusement la théologie dans cette ville (4).

Des six maîtres qui composaient la Faculté des arts, un seul nous est encore connu; JEAN *de Garlande*, grammairien. Mais nous avons des détails sur sa vie et principalement sur ses ouvrages, dont quelque partie fut probablement écrite à Toulouse même.

Il était né en Angleterre, où il avait suivi les cours de l'école d'Oxford. Ensuite il était allé à Paris, où, après avoir assisté aux leçons des docteurs de l'Université et passé par tous les grades réglementaires, il avait ouvert une école à l'endroit dit Clos de Garlande (appelé depuis rue Gallande), d'où lui est venu son nom de Jean *de Garlande*. C'est là qu'il enseignait en l'année 1229. Il avait donc pris part à la grève universitaire de cette année, et par suite il s'était trouvé sans école et sans écoliers quand on avait décidé l'établissement de l'Université de Toulouse. L'abbé de Grand-Selve avait profité de cette occasion pour l'engager à en être un des maîtres : et Jean avait accepté. Il nous donne lui-même ces détails et d'autres dans son poème *de Triumphis ecclesiæ*.

Il a inséré dans ce même poème, au chant sixième, la Lettre-Prospectus que nous avons citée et dont il était probablement le rédacteur. Ce document authentique servirait déjà à le faire connaître, en partie ; ses autres ouvrages y servent davantage. Plusieurs étaient ce qu'on nommerait aujourd'hui *classiques*.

En faisant sur le même plan que ces livres des leçons de grammaire, en y joignant des leçons de rhétorique et même de dialectique, et en lisant à ses écoliers des vers de sa façon, il s'acquit à Toulouse une réputation qui surpassa peut-être celle dont il avait joui précédemment à Paris. Aux pieds de sa chaire se pressait la foule, *florentis studii turba* (5).

(4) ANTONIUS DE PADUA... *antè ingressum in ordinem Franciscanorum theologiam Tolosæ... gloriose docuerat. Obiit anno* 1231. (Du Boulay, *Hist. univers. Parisiensis*, t. III, p. 139.)

(5) Sur JEAN *de Garlande*, j'ai fait deux leçons dans mon cours à la Faculté, les 9 et 12 janvier 1866. Le résumé en a été imprimé dans la *Revue de Toulouse*, livraison du 1er février 1866. — Voir aussi l'*Histoire littéraire de France*, t. XXI et XXII, articles de Victor Le Clerc, d'où j'ai tiré presque tout ce que j'ai dit sur la vie et les ouvrages de Jean de Garlande.

Les deux maîtres qui composaient la Faculté de médecine attiraient aussi une foule d'écoliers. Mais nous ne savons rien d'eux, sinon que l'un se nommait Loup l'*Espagnol*, et qu'il fut dès ce temps ou plus tard le médecin du comte Raymond VII.

Nous ignorons jusqu'au nom des deux décrétistes qui composaient, seuls, la Faculté de droit, en attendant qu'on leur donnât des collègues, suivant l'espérance que le légat du Pape en avait fait concevoir. Mais il est certain que les légistes étaient nombreux à Toulouse et qu'ils y jouaient un grand rôle (6). Les écoliers devaient y affluer aussi pour entendre lire et expliquer les lois des deux Codes, canonique et civil.

Cette Université commençante paraît donc avoir été vraiment florissante.

Cependant, quelle qu'en ait été la prospérité, elle paraît aussi avoir éprouvé certaines difficultés dès ce commencement.

Les premières vinrent des lenteurs que les Maîtres éprouvèrent pour le paiement de leur salaire, tel qu'il avait été fixé par l'article du traité qui avait stipulé les obligations du Comte envers chacun d'eux. Ils s'en plaignirent à l'Evêque, au Légat et au Pape. Le Comte s'excusait sur la modicité de ses revenus que des exigences injustes tendaient à diminuer, au lieu qu'on aurait dû lui donner les moyens de les augmenter. Il protestait de sa bonne volonté et promettait de faire tout ce qui serait en son pouvoir pour qu'aucun maître n'eût lieu de se plaindre à l'avenir; mais cet avenir s'éloignait toujours (7).

(6) Le grand rôle des légistes à Toulouse est attesté par celui qu'ils jouent dans le poème en langue romane de la *Croisade contre les Albigeois*. Il a été le sujet de ma leçon du 6 février 1866, dont j'ai lu, cette année même, un résumé à l'Académie des Jeux-Floraux. — *Pierre* Fucoldi, père de *Gui* Fucoldi qui fut le pape Clément IV, avait la réputation de très-savant jurisconsulte, chancelier du comte Raymond VI.

(7) Plusieurs ecclésiastiques continuaient de retenir les domaines dont les croisés leur avaient fait donation après les avoir confisqués sur le comte Raymond, et qui devaient lui être rendus conformément au traité de 1229. Le Comte représentait en outre que ses Etats étaient entièrement épuisés et qu'ils ne pouvaient suppléer à l'insuffisance de ses revenus. (*Hist. de Lang.* liv. XXIV, § 74.)

Des difficultés beaucoup plus grandes vinrent du zèle que certains maîtres et surtout les maîtres en théologie déployèrent contre les hérétiques. Ils tenaient à remplir fidèlement l'engagement de leur Prospectus, *de faire monter jusqu'aux astres le cèdre de la foi catholique dans ce même pays et cette même ville, où la dépravation hérétique avait étendu les épines de sa forêt.* Ils désiraient se montrer dociles aux conseils d'Hélinand, aux ordres du Roi, aux décrets du Légat et à la volonté du Pape, en recherchant, dénonçant et poursuivant tous ceux qui étaient coupables ou suspects d'hérésie. Ils parlaient contre eux dans leurs chaires d'école ; ils prêchaient contre eux sur les places publiques et dans les chaires d'église : *discipulos in pulpitis et populos in compitis informantes.*

On en a un exemple bien caractéristique dans quelques scènes de la fin de l'année 1231 et du commencement de 1232, où maître Roland de Crémone joua un grand rôle. En voici des détails extraits et abrégés d'un manuscrit de ce temps (8).

Un moine de l'Ordre des Dominicains, prêchant un jour dans quelque église de Toulouse, dit « que cette ville était » encore pleine d'hérétiques, qu'ils y tenaient des conciliabu- » les et qu'ils ne cessaient pas d'y propager leurs erreurs. »

Ces mots causèrent une grande sensation ; et toute la ville en fut bientôt émue et agitée. Les hérétiques et leurs amis s'effrayaient de ces paroles qu'ils prenaient pour l'annonce de nouvelles poursuites plus ardentes, tandis que les catholiques et les amis des moines s'étonnaient qu'il y eût encore tant à poursuivre.

En voyant cette agitation, les Consuls de la ville mandèrent à la Maison commune le Prieur des Dominicains, qui se nommait Pierre d'Alést, et lui ordonnèrent d'empêcher ses frères de faire de tels sermons ; qu'autrement il leur en arriverait du mal. « Qu'ils se gardent bien, lui dirent-ils, de soutenir qu'il » y a des hérétiques dans la ville, puisqu'il est certain qu'il

(8) Ce manuscrit est de Guillaume Pelisse ; il a été transcrit par Percin, dans ses *Monumenta*, t. II. Opusc. *de Martyribus Avignoneti*, p. 199. — Guillaume Pelisse exerçait les fonctions d'inquisiteur à Albi en 1234. *Hist. de Lang.*, liv. XXV, § 4.)

» n'y en a pas un seul parmi nous ; et s'ils le soutiennent ,
» nous saurons les en faire repentir. » Ils ajoutèrent diverses
menaces.

Rentré au couvent, le Prieur raconta son entrevue avec les
Consuls et les menaces qu'ils lui avaient faites. Quand il eut
fini , Maître Roland prit la parole, et, tournant en mépris et en
dérision les ordres et les menaces des Consuls, il s'écria : « Loin
» de leur obéir et d'avoir peur, c'est maintenant qu'il faut plus
» que jamais prêcher de plus en plus fort et de plus en plus
» fréquemment contre les hérétiques et leurs fauteurs. » Tous
furent de cet avis.

Et dès ce moment, les sermons contre les hérétiques devinrent plus nombreux et plus ardents. Maître Roland déployait le
premier une énergie virile , et les autres l'imitaient.

Un jour, ayant appris qu'un clerc était mort dans l'erreur et
qu'il avait été enseveli dans la terre bénite, avec les cérémonies
de l'Eglise , — ce clerc était chanoine de Saint-Sernin , et se
nommait Jean-Pierre Donat — il le fit déterrer ; et son cadavre
ayant été brûlé, les cendres en furent jetées au vent.

Un autre jour , dans ce bourg de Saint-Sernin , mourut un
certain Galban ou Gauvain. C'était un grand personnage parmi
les hérétiques ; car il avait le titre d'Archimandrite des Vaudois.
On ne le laissa pas ignorer à Maître Roland. Aussitôt qu'il le
put , il alla dénoncer ce fait en chaire , dans un sermon public :
il fit aux moines , aux clercs , à tout le peuple un appel qui fut
entendu. Alors, lui marchant en tête , une troupe nombreuse
va bravement à la maison où ce dit hérétique Gauvain était
mort ; ils la détruisent de fond en comble , et décident que la
place où elle était servira de latrines publiques. Puis, comme
son cadavre était déjà enterré dans le cimetière de Villeneuve ,
cette même troupe y court ; ils le déterrent, ils le traînent dans
les rues de la ville en grande procession , et enfin ils vont le
brûler hors de la ville, dans un lieu commun (9).

« Tout cela, dit le manuscrit, fut fait pour la gloire de Notre-

---

(9) On parle aussi d'un nommé Guillaume qu'on appelait le *Pape des Albigeois*, et
qui, ayant été pris, fut brûlé tout vif. (*Hist. de Lang.*, liv. XXIV, § 63.)

» Seigneur J.-C. et de notre Père saint Dominique et à l'honneur
» de notre Mère l'Eglise catholique, romaine. *Hoc ad laudem*
» *D. N. Jesu Christi et S. Dominici actum est, et ad honorem*
» *Romanæ Ecclesiæ Catholicæ, Matris nostræ.* »

Maître Jean de Garlande, collègue de Roland, rapporte ce
même dernier fait en des termes différents. Il l'a jugé digne
de figurer au sixième chant de ses *Triomphes de l'Eglise* : et ces
noms de Roland et de Gauvain réveillant ses souvenirs poéti-
ques des exploits chevaleresques, il rapproche le Roland de
Charlemagne du Roland de saint Dominique, et décide que les
hauts faits du guerrier sont inférieurs à ceux du théologien, de
toute la distance qui se trouve entre le corps et l'âme. Il rapproche de même le preux Gauvain de l'autre Gauvain l'hérétique ; et il décide que le premier valait beaucoup mieux que le
second.

En faisant un tel éloge de son collègue Roland, Jean de
Garlande témoignait assez hautement qu'il avait les mêmes idées
que lui, qu'il éprouvait les mêmes sentiments, qu'il voulait les
mêmes actes d'inquisition, de dénonciation et de punition
contre les hérétiques. Il devait exprimer les mêmes pensées
dans les fragments de ses poëmes religieux qu'il lisait dans sa
chaire à ses élèves.

D'autres Maîtres pouvaient en faire autant, chacun dans son
école.

Il y eut donc, sur ce point, opposition et lutte entre les
Consuls de la ville et les Maîtres du *Studium*, entre la Municipalité et l'Université. Des tiraillements et des déchirements en
résultèrent. Les Consuls exécutèrent une partie de leurs menaces : il y eut agitation et trouble. Les promesses de tranquillité
que la Lettre-Prospectus avait faites et celles d'un accord parfait
entre la puissance curiale, la milice et le clergé se trouvèrent
vaines. Les écoliers en furent mécontents, découragés, effrayés :
peu à peu ils se retirèrent. Le *Studium*, d'abord florissant, cessa
de l'être : *Florentis studii paulatim turba recedit.* Les maîtres les
plus compromis et ceux qui aimaient le plus la tranquillité
prirent le parti de la retraite. Jean de Garlande, qui donne ces

détails ou les fait entendre, nous apprend qu'il fut le premier à s'en aller : *Hæc ego qui scribo cuncta recedo prius.* Il fut peut-être d'autant plus pressé de retourner à Paris que la grève scholaire y avait cessé, et qu'il pouvait y aller rouvrir son école du clos de Garlande. Ce qui paraît avoir eu lieu, à la fin de l'année 1232, qui était la troisième depuis son installation à Toulouse : *Illic exegi spatio studiosa trienni Tempora, Romano sub duce, lector ibi.*

Roland de Crémone paraît en avoir fait autant.

Nous ne savons rien des autres Maîtres, dans les diverses Facultés.

Roland de Crémone, après être rentré à Paris, où il occupa l'une des deux chaires de théologie dont les Dominicains s'emparèrent à l'Université, retourna plus tard dans sa patrie d'Italie, où il remplit les fonctions d'inquisiteur. C'était en harmonie avec le caractère qu'il avait manifesté à Toulouse.

Jean de Garlande resta à Paris, où il ne cessa pas d'augmenter son poème des *Triomphes de l'Eglise*, jusqu'à l'année 1252, au-delà de laquelle il ne paraît pas avoir longtemps vécu.

CHAPITRE IV.

Confirmation de l'Université de Toulouse par le Pape Grégoire IX. — Lettres aux maîtres et écoliers de l'Université et au Comte. — Lettres au Roi. — Faculté de théologie ; Jean de Saint-Gilles, Laurent l'Anglais. — Continuation des difficultés. — Nouveaux désordres. — Cessation des leçons à l'Université. — Reprise. Années 1232 à 1236.

A la fin de l'année 1232, commencement de l'année scholaire 1232-33, la troisième depuis sa fondation, l'Université de Toulouse avait donc perdu son premier éclat. Le pape Grégoire IX dut l'apprendre avec peine ; et ce fut peut-être dans l'espoir de remédier à cet état de choses qu'il écrivit deux lettres, l'une aux maîtres et aux écoliers de Toulouse, l'autre au comte Raymond. La première était ainsi conçue :

« Grégoire, évêque, serviteur des serviteurs de Dieu, à ses chers fils l'Université des maîtres et des écoliers toulousains, salut et bénédiction apostolique.

» Naguère, par l'opération de Celui qui veut que tous les hommes soient sauvés et que personne ne périsse, notre cher fils l'évêque élu de Porta, qui était alors légat du Siége apostolique en ces parages, ayant réussi, avec la grâce divine qui le précédait, à rétablir la paix entre l'Eglise et le noble homme, Comte de Toulouse,

» Ce même légat, aussi prévoyant que prudent, considérant que la foi catholique, qui paraissait presque entièrement détruite en ces parages, pourrait y refleurir, si l'on y créait un *Studium* littéraire,

» Crut bon de statuer que, dans la ville de Toulouse, on planterait des écoles de toutes les Facultés autorisées;

» Et le susdit Comte promit de payer un certain salaire aux maîtres qu'on y appellerait, afin qu'ils pussent se livrer en toute liberté à l'étude et à l'enseignement.

» En conséquence de quoi, Nous, agréant et voulant ratifier les choses faites par les actes sus-mentionnés, nous avons cru et nous croyons devoir concéder à perpétuité à Votre Dévouement que vous tous et tous ceux qui vous succéderont dans ce *Studium*, vous jouissiez à perpétuité de la même liberté dont jouissent les maîtres et les écoliers à Paris (1).

» Nous voulons que les citoyens toulousains soient forcés de louer aux écoliers des maisons d'habitation, à un prix convenable, qui sera fixé par deux clercs et autant de laïques, hommes discrets, catholiques et assermentés, que vous élirez en commun :

» Que les écoliers qui étudient en théologie et tous les maîtres résidant dans la susdite ville touchent intégralement les revenus de leurs bénéfices et de leurs prébendes, comme s'ils résidaient dans la ville même où ils ont ces prébendes et bénéfices : nous n'en exceptons que les distributions quotidiennes qui se font à ceux qui assistent aux offices divins.

» Nous voulons, en outre, que ni les maîtres, ni les écoliers ou clercs, ni leurs serviteurs, si, ce qu'à Dieu ne plaise! il leur arrivait d'être surpris en un délit quelconque, ne soient jugés par un laïque, ni punis par lui, à moins qu'ils n'aient d'abord été condamnés par un juge ecclésiastique et livrés au bras séculier :

______

(1) Voir à la fin du chapitre, A, la définition de cette *liberté* par le Pape lui-même.

» Et que les laïques, en tout procès qu'ils auront avec des étudiants, soient tenus de comparaître devant le juge ecclésiastique, suivant la coutume de l'église gallicane :

» Aussi, que le susdit Comte, les citoyens de Toulouse, les baillis du même Comte et les barons de sa terre soient tenus de promettre aux écoliers sécurité et immunité pour leur personne et pour leurs biens : et qu'ils exigent la même promesse de tous leurs sujets.

» Et que, si quelques-uns lèsent les écoliers ou leurs messagers en attentant à leurs biens, à leur argent ou à d'autres choses leur appartenant, ils les fassent indemniser ou les indemnisent eux-mêmes.

» Nous voulons que quiconque aura été examiné et reçu maître, en quelque Faculté que ce soit, audit Studium de Toulouse, ait l'absolue liberté d'être régent partout ailleurs, sans être obligé de subir un autre examen.

» Et de plus, parce que le Comte, plusieurs fois nommé ci-dessus, s'est engagé par serment, en traitant de la paix, à payer, pendant un certain temps, un certain salaire à un certain nombre de maîtres, nous voulons qu'il le paye sans aucune diminution.

» Que personne ne se permette donc d'enfreindre cette page de notre concession et constitution, ni d'aller contre elle par une audacieuse témérité. Et si quelqu'un a la présomption de l'entreprendre, qu'il sache qu'il encourra l'indignation de Dieu Tout-Puissant et celle des bienheureux Pierre et Paul, ses apôtres.

» Donné à Latran, le 3 avant les calendes de mai, l'an VII de notre pontificat (28 avril 1233). »

La lettre au Comte était écrite dans les mêmes termes, moins le changement de mots nécessité par celui de la personne à qui elle était adressée et quelques modifications sans importance. Il est donc facile de la refaire en pensée et elle n'offre rien d'intéressant, parce qu'elle n'apprend rien de nouveau après celle qu'on vient de lire. Cependant la voici :

« Grégoire... à notre cher fils et noble homme, le Comte toulousain, S. et B. A.

» Naguère, par l'opération de Celui qui veut que tous les hommes soient sauvés et que personne ne périsse, notre cher fils l'évêque élu de Porta, qui était alors légat du siége apostolique en ces parages, ayant réussi , avec la grâce divine qui le précédait , à rétablir la paix entre l'Eglise et Toi ,

» Ce même légat , aussi prévoyant que prudent, considérant..... (*comme ci-dessus*);

» Crut bon de statuer que , dans la ville de Toulouse , on planterait des écoles de toutes les Facultés autorisées :

» Et-Toi , tu as promis de payer un certain salaire aux maîtres qu'on y appellerait..... (*comme ci-dessus*).

» En conséquence de quoi , Nous, agréant et voulant ratifier les choses faites par les actes sus-mentionnés..... (*comme ci-dessus*) ,

» Nous voulons que les citoyens toulousains soient forcés de louer aux écoliers des maisons d'habitation, à un prix convenable, qui sera fixé par deux clercs et autant de laïques, hommes discrets, catholiques et assermentés, qui seront élus par eux-mêmes en commun :

» Que les écoliers qui étudient en théologie et tous les maîtres... (*comme ci-dessus*).

» Nous voulons , en outre , que ni les maîtres , ni les écoliers..... (*comme ci-dessus*);

» Et que les laïques, en tout procès... (*comme ci-dessus*);

» Aussi, que Toi, comte toulousain , les baillis et les barons de ta terre , vous soyez tenus de promettre avec serment aux écoliers et à leurs messagers sécurité et immunité pour leur personne et pour leurs biens; et que vous exigiez la même promesse de tous vos sujets :

» Et que , si quelques-uns lèsent les écoliers ou leurs messagers sur vos terres , en attentant à leur argent ou à d'autres choses leur appartenant , vous les fassiez indemniser ou les indemnisiez vous-mêmes.

» Et de plus, parce que Toi, tu t'es engagé par serment, en traitant de la paix, à payer pendant un certain temps un certain salaire à un certain nombre de maîtres, nous voulons que tu le payes sans aucune diminution , et en donnant pleine satisfaction pour ce que tu en as soustrait.

» C'est pourquoi nous avons cru, après mûre réflexion, devoir prier Ta Noblesse et l'avertir , en lui mandant, par cet écrit apostolique que je t'adresse, que tu te montres favorable et bon envers les maîtres et les écoliers susdits; que tu conserves intacts de toute violation les statuts de l'évêque élu sus-nommé, et que tu les fasses fermement observer par tous les sujets de ta juridiction.

» Donné à Latran, le jour avant les calendes de mai , l'an VII de notre Pontificat (30 avril 1233). »

Ce soin que le Pape prenait de l'Université pour la restaurer, la maintenir et la faire prospérer s'associait à l'autre soin de réprimer et de détruire l'hérésie. En conséquence, vers les mêmes jours, il écrivit au Roi pour qu'il excitât à ce sujet le zèle du Comte, et pour qu'il recommandât de n'avoir aucun commerce avec les hérétiques, quels qu'ils fussent (2). Et parce que diverses occupations détournaient les évêques de rechercher et de poursuivre suffisamment les coupables, il commit aux Frères Prêcheurs l'exercice de l'Inquisition contre eux dans le Toulousain et ailleurs (3).

D'autres côtés on dut s'occuper de trouver des maîtres pour remplacer ceux qui, comme Roland de Crémone et Jean de Garlande, avaient quitté Toulouse.

Nous ne connaissons le nom que du successeur de Roland. Ce fut un autre moine de l'ordre des Frères Prêcheurs : Jean de *Saint-Gilles* (4).

Né en Angteterre (5), comme Jean de Garlande, il avait étudié comme lui à l'école d'Oxford : il y avait même enseigné avec succès les arts libéraux et surtout la dialectique. Venu en France, il en avait aussi donné des leçons à Paris. Puis il était allé à Montpellier étudier la médecine; et, reçu docteur, il l'y avait enseignée pendant quelque temps, non sans éclat. Retourné à Paris, il y était devenu le médecin de Philippe-Auguste; après Rigord, vers l'année 1209. Plus tard, il avait quitté la médecine pour la théologie, dont il était encore devenu un maître renommé. En 1218, il avait établi les Dominicains dans l'ancien hospice de Saint-Jacques qu'il avait acheté

(2) *Histoire de Languedoc*, liv. XXIV, § 87.

(3) Voir la lettre dans Percin, *Monumenta*, t. II, *Opusculum de inquisitione*, p.92. Elle est datée de Latran, ides d'avril, année 7 du pontificat de Grégoire IX, 1233.

(4) Rolando Tolosâ abeunti suffectus est *frater* JOANNES *de sancto OEgidio*,... qui magister fuerat cathedralis Parisius. (Percin, *Monumenta*. , t. I, p. 47).

(5) J'adopte l'opinion la plus répandue, qui est aussi la plus vraisemblable. Cependant, on pourrait donner quelque probabilité à l'opinion suivant laquelle Jean serait né à Saint-Gilles, ce bourg auprès de Nîmes, que le nom du comte de Toulouse a rendu si célèbre.

Voir sur Jean de Saint-Gilles, *Hist. litt.*, t. XVIII, p. 444. Du Boulay, t. III, p. 260, 262, 293. Crevier, t. 1, p. 320-325. Astruc, Mémoires pour servir à l'histoire de la Faculté de Médecine de Montpellier.

et fait réparer pour eux. Enfin, quelques années après (1222 ou 1228), il s'était fait lui-même dominicain d'une façon théâtrale dont l'histoire a gardé le souvenir (6). Il arrivait donc à Toulouse avec une grande réputation, obtenue à divers titres.

Un contemporain ajoute que ce Jean de Saint-Gilles était un saint et digne homme, d'une figure gracieuse et d'un commerce agréable : *vir bonus et sanctus, cujus facies et vita erat gratiosa.* Mais on ne dit rien sur ce qu'il fit à Toulouse, sinon qu'il se conduisit énergiquement et virilement dans l'affaire de la foi contre les hérétiques, pendant les trois années scholaires qu'il y passa. (1232-35.) *Potenter et viriliter se habuit in negotio fidei contra hæreticos.*

On assure que des Frères de l'ordre de Saint-François furent admis, dès ces mêmes années, à prendre rang parmi les maîtres de l'Université (7).

En tout ce temps, les difficultés précédemment indiquées ne cessèrent pas ; au contraire, elles devinrent de plus en plus grandes. Le paiement du salaire dû aux maîtres fut toujours retardé, diminué, ou irrégulier et incomplet : il parut même entièrement supprimé. Des plaintes en étaient continuellement portées à tous ceux qui semblaient pouvoir y faire droit.

Par suite de la commission donnée aux Frères Prêcheurs, les recherches, les dénonciations, les poursuites et les exécutions des hérétiques devinrent aussi de plus en plus ardentes

(6) Jean de Saint-Gilles était un jour dans sa chaire, — chaire de professeur ou chaire de prédicateur, on ne sait ; mais peu importe : — le sujet de son discours était la pauvreté évangélique. Cela le conduisit naturellement à parler des deux nouveaux ordres de pauvres religieux ; pauvres religieux *mendiants* qui venaient de s'établir ; Dominicains et Franciscains Il fit l'éloge des uns et des autres : puis il les compara : Le tableau qu'il en présenta fut à l'avantage des Dominicains. Alors il descendit de sa chaire, alla quitter ses vêtements de prêtre séculier, revêtit ceux de dominicain : puis il remonta dans sa chaire en ce nouveau costume, et termina son discours.

Cette entrée de Jean dans l'ordre des Frères Prêcheurs eut lieu, suivant les uns en 1212, et suivant les autres en 1228. Si le fait est certain, la date ne l'est pas.

(7) Les Frères Mineurs ou Franciscains étaient établis à Toulouse, dès l'année 1222, *Anno 1233, admissos Tolosæ inter doctores Academiæ fratres ordinis minorum a Raymondo episcopo Tolosano certum est.* (Percin, *Monum.* t. II, Op. de Açad. p. 152.)

et rigoureuses de la part des inquisiteurs et de tous ceux qu'ils avaient à leurs ordres. Une partie du peuple, des bourgeois, les Consuls de la ville, des seigneurs, des officiers du comte et le Comte lui-même témoignaient souvent des dispositions contraires. Les uns se montraient indifférents et tièdes, les autres mécontents et irrités; les Consuls de la ville s'opposaient de toutes leurs forces, par tous les moyens, et sévissaient même contre ceux qui obéissaient aux inquisiteurs et contre les inquisiteurs eux-mêmes. Des émeutes en résultaient quelquefois (8).

(8) En conséquence de la décision du mois d'avril 1233, par laquelle le Pape Grégoire IX avait commis aux Frères Prêcheurs l'exercice de l'Inquisition contre les hérétiques dans le Toulousain et le reste du royaume, l'évêque de Tournai, légat du Saint-Siége, établit à Toulouse deux religieux de l'ordre de saint Dominique, savoir : Pierre Cellani et frère Guillaume Arnaldi (*Hist. de Languedoc*, liv. XXIV, § 87).

Au mois de février 1234, l'évêque de Toulouse, Raymond de Falgar, présenta au Comte un projet de nouvel édit contre les hérétiques, que celui-ci adopta et publia, le 18 de ce mois. Les principaux articles de ces décrets étaient les suivants :

1. Que les meurtriers de ceux qui poursuivent les hérétiques soient recherchés exactement et punis sévèrement.

2. Que les habitants des lieux où l'on saisira des hérétiques payent un marc d'argent pour chaque hérétique à celui qui le saisira.

3 Qu'on détruise les maisons où on aura trouvé un hérétique vif ou mort depuis le traité de Paris (1229), et celles où des hérétiques auront prêché du consentement du propriétaire : et que les biens de tous les locataires soient confisqués.

4. Que l'on confisque également les biens de ceux qui traverseront les inquisiteurs des hérétiques dans leurs recherches, ou qui ne les favoriseront pas : qu'on leur inflige, en outre, une punition corporelle.

5. 6, 7. Que l'on confisque aussi les biens de ceux qui se sont faits ou qui se feront hérétiques :—de ceux qui, ayant été hérétiques revêtus, ne produiront pas des lettres testimoniales de leur réconciliation ; — et de ceux qui, ayant abjuré l'hérésie, ne porteront pas visiblement les deux croix cousues sur leurs habits des deux côtés de la poitrine, suivant l'ordre de l'évêque (*Hist. de Languedoc*. Id. § 91.)

Cet édit fut exécuté en rigueur.

En 1235, les inquisiteurs ordonnèrent d'exhumer dans divers cimetières ceux qu'ils accusaient d'être morts dans l'hérésie, et, après avoir fait traîner leurs cadavres à demi pourris ou leurs ossements dans toutes les rues de Toulouse, ils les firent brûler. Cette conduite excita une rumeur dans la ville, dont les Consuls députèrent au Comte pour le prier de mettre quelques bornes au zèle excessif de ces religieux. Ce prince les pria de suspendre leurs poursuites à cause des inconvénients qui pourraient en résulter ; mais ils refusèrent de l'écouter.

Frère Guillaume Arnaldi fit exhumer de nouveau les corps de plus de vingt personnes du faubourg et de la ville de Toulouse, qu'il fit brûler publiquement, après les avoir fait traîner par les rues. Il condamna en même temps comme hérétiques plusieurs personnes vivantes. (*Hist. de Languedoc*, liv. XXXV, § 5.)

Jean de Saint-Gilles agissait de concert avec ces inquisiteurs : *Frater Joannes de*

Jean de Saint-Gilles, qui soutenait ces inquisiteurs et qui *déployait une énergie virile contre les hérétiques*, s'attira nécessairement de vives inimitiés. Il en fut de même pour les autres maîtres en théologie et régents dans les diverses facultés, qui suivaient son exemple. L'Université en fut de plus en plus agitée et troublée : le cours des leçons en fut dérangé et fréquemment interrompu.

A la fin de la troisième année de son séjour et de son enseignement à Toulouse, JEAN de Saint-Gilles prit le même parti que son prédécesseur, Roland de Crémone : il se retira. Plusieurs de ses collègues ou confrères le suivirent : *Recessit cum sociis* (9).

Cependant le supérieur des Dominicains voulut lui donner un successeur : on choisit LAURENT dit *l'Anglais*, qui était alors à Paris, où il devait enseigner aussi la théologie. Le surnom qu'on lui donne est un motif pour croire qu'il était né en Angleterre, d'où il était venu en France, à Paris, comme Jean de Garlande et Jean de Saint-Gilles. Nous ne savons rien de plus sur lui jusqu'au jour où il arriva à Toulouse, le 1er novembre 1235.

En ce jour, le couvent des Dominicains et toute la ville étaient en grand émoi; car on paraissait être à la veille de graves événements, amenés par la persistance des inquisiteurs à poursuivre les hérétiques avec une ardeur chaque jour croissante, et par la persistance des Consuls de la ville à les arrêter.

Ces événements éclatèrent en effet. Quelques jours après, le

Sancto Ægidio potenter et viriliter se habuit in negotio fidei contra hæreticos cum fratre Petro Cellani et fratre Petro Guillelmo Arnaldi et fratre Arnaldo Catalani. (Percin , *Monum* , t. I , pag. 47.) — Arnauld Catalani fut un autre inquisiteur. Voir une addition à cette note à la fin du chapitre, B.

(9) Jean de Saint-Gilles, après avoir quitté Toulouse, paraît être retourné d'abord à Paris, puis en Angleterre où on le retrouve, en 1239, admis au conseil du roi Henri III. Quatorze ans plus tard, en 1253, il assista comme médecin, en sa maladie, Robert de Lincoln, dit Grosse-Tête, évêque de Londres; il assista encore comme médecin, en 1258, le comte de Glocester, qu'on croyait empoisonné. Il mourut vers ce temps.

Voir quelques détails sur lui dans ma leçon à la Faculté, du 16 janvier 1866, dont un résumé a été imprimé dans la *Revue de Toulouse*, livraison du mois de septembre 1866.

frère Guillaume Arnaldi (ou Arnaud), terrible inquisiteur, fut chassé de Toulouse par le viguier et les consuls. D'autres s'étant obstinés à continuer son œuvre, tous les moines dominicains furent ensuite chassés, avec leur prieur et l'évêque. Le frère Lauren se fit remarquer dans cette circonstance par l'énergie de sa résistance : car il refusa de sortir du couvent et même de se laisser pousser dehors; il se jeta par terre et l'on fut obligé de le prendre par la tête et par les pieds pour l'emporter plus loin (10). C'est tout ce que nous savons de lui.

Toutes les leçons paraissent avoir cessé à l'Université par la perturbation qui fut la suite naturelle de ces événements.

Le pape Grégoire IX en écrivit une première lettre au comte Raymond, le 15 mars 1236. Il lui ordonnait de rappeler à Toulouse les Frères Prêcheurs et de leur permettre de continuer l'office d'inquisiteur dans ses Etats

Cette lettre étant restée sans effet, il en écrivit une seconde plus longue, à la date du 28 avril. Dans celle-ci, il se plaignait spécialement de ce que le *Studium tolosanum* n'existait plus, surtout parce que le comte avait *supprimé* le salaire qu'il s'était obligé à payer aux maîtres régents pendant dix ans. La voici en grande partie :

« Grégoire évêque, serviteur des serviteurs de Dieu, au noble homme, Comte de Toulouse, esprit de conseil plus sain.

» Naguère, le siége apostolique ayant eu connaissance que, dans le pays albigeois, la vigne du Seigneur était pleine de chardons et d'orties, et que le roi de Babylone venant dans la terre de Juda avait dépouillé le temple du Seigneur des vases d'or de la foi catholique,

---

(10) *Cum Fratres fuerunt ad portam domus, Frater* LAURENTIUS *qui venerat ad legendum et F. Arnaldus Catalani prostraverunt se ad terram : et Raymundus Rogerius cum quibusdam aliis eos per caput et per pedes trahentes violenter ejecerunt eos cum aliis fratribus : verumtamen eos non percusserunt.*

Le récit de cette scène par Guillaume Pelisse, qui en fut aussi un des acteurs principaux, est d'une grande curiosité historique et d'un intérêt dramatique plus grand encore. On le lit dans Percin, *Monum.* t. I, p. 49 bis. Il a été le sujet d'une partie de mes deux leçons à la Faculté, les 16 et 19 janvier 1866, dont le résumé a été imprimé dans la *Revue de Toulouse*, livraison de septembre 1866.

» Aussitôt les cultivateurs, nos prédécesseurs, Innocent et Honorius d'heureuse mémoire, afin d'arracher de cette vigne les herbes pestilentielles avec le soc de la prédication,

» Envoyèrent à cette destination Louis, roi de France d'illustre mémoire, avec d'autres de son royaume, décorés de l'insigne de la croix, afin qu'avec le sabre de la justice ils rayassent du sanctuaire du temple les ordures de la contamination,

» Espérant que le raisin de la foi catholique y mûrirait pour le pressoir et le calice du Seigneur, et que Jérusalem purifiée, recevant avec des palmes et des fleurs son pauvre roi assis sur le poulain de l'ânesse, serait dans la jubilation.

« Comme nos susdits prédécesseurs, quoique travaillant beaucoup, ne purent pas réussir à cela et que la grandeur de nos péchés parut rendre vain tout leur travail,

» Nous, considérant qu'*un travail opiniâtre triomphe de tout*, et que Pharaon ne délivre Israël et ne s'amollit que broyé par plusieurs plaies, nous avons mis nos épaules sous le faisceau de ce travail,

» Et nous avons pensé que nous devions envoyer à la destination de ce pays, avec la commission de l'office de Legat, notre vénérable frère, l'évêque de Porta, alors cardinal sous-diacre de Saint-Ange,

» Lequel, par l'action de Celui qui prévient en inspirant les bonnes œuvres et qui suit en aidant, serra dans le frein les mâchoires de ceux qui déchiraient la tunique sans couture du Christ, et intercepta les petits renards qui démolissaient la vigne du Seigneur.

»Et afin que la foi catholique pût être rétablie entièrement dans son ancien état, le dit Legat, après avoir par ses soins amené la paix entre l'Eglise et notre très-cher fils en Jésus-Christ, l'illustre roi de France d'une part, et nous d'autre part, fit plusieurs Statuts dans un Concile tenu à Toulouse dans cette intention.

» Et pour réfuter plus fortement l'hérésie, il institua à Toulouse une Ecole de théologie et des autres arts.

» Mais parce que l'esprit immonde s'efforce d'entrer de nouveau dans la maison d'où il avait été chassé et qu'on avait nettoyée de ses immondices, et parce que Pharaon tâche de subjuguer de nouveau les Hébreux qui avaient été délivrés,

» Depuis le départ de l'évêque de Porta, nous avons cru devoir confier l'office de légat, d'abord à l'évêque de Tournai, puis à l'archevêque de Vienne, nos vénérables frères, afin qu'en cette qualité de délégués du siége apostolique, faisant les veilles de nuit sur le troupeau des catholiques, ils empêchassent les loups d'approcher de la bergerie du Seigneur.

» Mais voici que ce que nous redoutions est arrivé et que notre crainte pour ce que nous craignions s'est réalisée... (*Suivent de longues plaintes, sur ce que le viguier du comte et les consuls de la ville favorisent les hérétiques*, etc.) (11).

» Et Toi qui, aux termes du traité de paix, étais tenu par le serment que tu avais prêté de payer chaque année jusqu'à un temps fixé un salaire aux susdits maîtres, tu le leur supprimes et par là tu empêches la susdite Ecole, qui est dissoute, dit-on...

» Nous mandons que tu répares tous ces méfaits suivant les mandements qui t'en seront donnés par le susdit Légat, à qui nous mandons par lettre spéciale qu'il use contre Toi et les susdits (Viguier, Consuls) de la censure ecclésiastique sans appel, et qu'il la fasse publier solennellement, de notre autorité, dans toutes les églises de sa légation, tous les dimanches et jours de fête, cloches sonnant et cierges allumés, jusqu'à complète satisfaction.

» Donné à Viterbe, le 4 des calendes de mai, dixième année de notre Pontificat (12). »

En même temps qu'il écrivait cette lettre au Comte, le Pape manda en effet à l'archevêque de Vienne, son légat, supposé que Raymond refusât de faire ce qui était juste, de l'y contraindre et de rétablir d'autorité l'Ecole *Studium* ou l'Université de Toulouse (13).

Enfin, dans une autre lettre des mêmes jours, il exhorta le Roi à user de toute son autorité pour obliger le Comte et les Consuls de Toulouse à réparer le passé (14).

L'effet de ces lettres paraît s'être encore fait attendre pendant assez longtemps. Car les Frères Prêcheurs ne furent rétablis dans leur couvent de Toulouse que le jour de l'Octave de saint Augustin, le 4 septembre 1236 (15).

L'Université dut aussi reprendre ses cours, après l'interruption d'un an, au commencement de l'année scolaire 1236-37.

(11) Voir le détail de ces plaintes dans l'*Hist. de Lang.*, t. XXV, § 8.
(12) Voir le texte de cette lettre dans du Boulay, t. III, p 156.
(13) *Hist. de Lang.*, Id. id. id. (14) Id. id. id. (15) Id. id. id.

A. ADDITION A LA NOTE 1, PAGE 25.

La *liberté* dont jouissaient les Maîtres et les Ecoliers de l'Université de Paris, et dont le Pape voulait que jouissent aussi les Maîtres et les Ecoliers de l'Université de Toulouse, comprenait principalement les *priviléges* ou droits suivants, tels qu'ils avaient été concédés et fixés par le même Pape Grégoire IX, dans sa Lettre *à ses chers fils, les Maîtres et Ecoliers de l'Université de Paris*, datée de Latran, avril 1231.

1. Droit de faire les règlements intérieurs de l'Université, sur la manière et l'heure des lectures et des disputes; sur les vêtements; sur les funérailles des morts; sur les bacheliers, à quelle heure et sur quel sujet ils doivent faire leurs lectures; sur la taxe des logements; sur l'exclusion de la Compagnie de ceux qui en violent la constitution et les règlements.

2. Droit de faire grève, c'est-à-dire de suspendre les lectures dans le cas où quelque membre de la Compagnie serait tué, mutilé, emprisonné, non logé au prix taxé; et qu'on refuserait la satisfaction légitime.

3. Droit d'être mis en liberté sous caution, de ne pas avoir d'autre prison que celle de l'évêque, dans le cas où l'emprisonnement serait juste, et de ne pas être arrêté pour dettes.

4. Droit d'obtenir gratuitement la licence ou la faculté d'enseigner, et d'être relevé gratuitement des excommunications encourues.

En retour, la même Lettre contenait plusieurs défenses aux mêmes Ecoliers et Maîtres, savoir :

1. Défense aux écoliers d'exciter des troubles dans la ville, d'aller dans les rues, armés, et de vivre à l'état de vagabonds ou d'écoliers fictifs, ne fréquentant aucun cours et ne s'attachant à aucun maître. (L'édit de Robert de Courçon, légat du Pape, disait: *Nullus sit scholaris Parisius qui certum magistrum non habeat.*)

2. Défense aux maîtres ès-arts de lire les livres sur la nature, avant qu'ils aient été examinés et purgés de tout soupçon d'erreur.

3. Défense aux maîtres et aux écoliers en théologie de se donner des airs de philosophe, de sortir de leur sphère, et de traiter d'autres questions que celles qui peuvent être résolues par les livres saints et les traités des saints Pères.

4. Défense à tous de se servir de la langue vulgaire : *Nec loquantur in linguâ populi, linguam* HEBRÆAM *cum* AZOTICA *confundentes.* C'est-

à-dire qu'ils ne confondent pas la langue sacrée du peuple de Dieu avec la langue profane des Philistins, habitants d'Azoth (16).

Quelques-uns de ces droits ou priviléges étaient rappelés dans sa Lettre aux Toulousains, de 1233 : les autres sous-entendus n'en étaient pas moins concédés : il devait en être de même des défenses. On peut donc, en l'absence de tout autre document, se faire une idée, sinon de ce qu'était alors l'Université de Toulouse, au moins de ce qu'on voulait qu'elle fût, et de ce qu'elle tendait à devenir.

Les premiers maîtres que l'abbé de Grand-Selve avait amenés avec lui de Paris devaient d'ailleurs avoir apporté dans leur nouvelle résidence leurs vieilles habitudes : *Cælum non animos mutantes.*

B ADDITION A LA NOTE 8, PAGE 30.

On peut se faire une idée de l'ardeur et de la rigueur qu'on mettait à la poursuite des hérétiques, en lisant dans Percin, extrait du manuscrit de frère Guillaume Pelisse, inquisiteur à cette époque, le récit de ce qui se passa à la fête de la canonisation de saint Dominique, en 1234.

Raymond de Falgar, évêque de Toulouse, ancien dominicain, venait de dire la messe solennelle dans l'église des Dominicains. On s'était lavé les mains et on allait se mettre à table quand un homme de la ville vint avertir le Prieur, Ponce de Saint-Gilles, *virum religiosum et in his quæ Dei sunt animosum,* que quelques hérétiques étaient entrés chez une malade dans la rue voisine dite *Lamet,* pour l'*hérétiquer,* ad *eam hæreticandam, id est communioni hæreticorum aggregandam.* Le Prieur le dit à l'Evêque.

Ainsi, par la grâce de la divine Providence et les mérites du bienheureux Dominique, furent révélés, *revelata sunt pudenda meretricis magnæ hæreseos in Tolosa.*

L'occasion fut aussitôt saisie. Avant de manger, l'Evêque et le Prieur courent à l'endroit désigné, *domum Pictavini Borsier cujus socrus detinebatur infirmitate.*

L'Evêque et sa suite entrent brusquement avant qu'on ait pu avertir la malade, qui, le prenant pour un hérétique, car elle ne pouvait pas voir à cause de sa maladie, se mit à lui parler du mépris du monde et de beaucoup de choses. L'Evêque lui fit dire *cum cautela* beaucoup de propos hérétiques ; et elle disait, *Ista credo sicut dico.*

Alors l'Evêque lui dit : « Vous êtes donc une hérétique ! Abjurez tout cela et croyez » ce que croit l'Eglise catholique romaine ; car je suis votre évêque de Toulouse, » et je prêche la foi de l'Eglise romaine que je vous avertis et que je vous ordonne » de croire. » Il lui parla longtemps sur ce ton, en présence de tout le monde; mais il n'en put rien obtenir : *Imo magis in hæretica obstinaciâ perseveravit.*

(16) Voir l'explication de ce passage jusqu'à présent resté obscur, par M. Baudouin, Mémoires de l'Académie des sciences, inscriptions et belles-lettres de Toulouse, année 1877, ci-dessus, p. 139.

Alors l'Evêque envoya chercher le viguier de la ville et plusieurs autres. Il la condamna comme hérétique, *in virtute Jesu Christi*. Le viguier la fit emporter avec le lit sur lequel elle était, et brûler dans le pré du comte de Toulouse.

L'Evêque, prévoyant ce qui allait arriver, ne rentra pas au couvent : il alla à son palais, où il mangea. Et quoiqu'il eût promis de prêcher après diner, il ne le fit pas.

Les frères rentrèrent au Réfectoire, et mangèrent ce qui était préparé, rendant grâces à Dieu et à saint Dominique de ce qui venait d'être fait pour l'exaltation de la foi. (Percin , *Monum.*, t. I , p. 49.)

A la place de l'Evêque qui ne vint pas prêcher, le soir entre none et vêpres, en présence d'une foule innombrable accourue à l'église, le prieur Ponce de Saint-Gilles improvisa un sermon. Il prit pour texte le verset 48 de l'Ecclésiastique : *Surrexit Elias quasi ignis et verbum illius quasi facula ardebat.* (Elie se leva comme un feu et sa parole brûlait comme un flambeau.) Il adapta ce texte à la fête du jour, à saint Dominique et à l'affaire présente. A la fin , tournant son visage et ses bras successivement vers l'orient et vers l'occident, vers le nord et vers le midi, en criant aussi fort qu'il le pouvait et en prononçant vers chaque côté les mêmes mots, il dit : « De la part de Dieu et de » saint Dominique son serviteur, à partir de cette heure, je défie les hérétiques , leurs » fauteurs et leurs croyants. »

Puis il ajouta autant de fois : « De la part de Dieu, j'adjure les catholiques de » déposer toute frayeur et de rendre témoignage à la vérité. »

Alors il se tut, mais bientôt après il reprit : « J'atteste Dieu qu'avant sept jours, » plusieurs viendront ; que par leur médiation la voie sera grand'ouverte aux inquisi- » teurs pour pénétrer dans les réduits les plus obscurs jusqu'à la *vespérée* du monde, » et qu'elle ne leur sera plus fermée. »

Le frère Salagnac, qui rapporte ces paroles pour les avoir entendues, ajoute que c'était le cas de s'écrier avec saint Chrysostome : « Voyez quelle mansuétude dans » cette liberté de parler. *Videte quantam habet mansuetudinem sermonis liber-* » *tas.* » (Percin, *Ibid.*)

A la suite de cette scène, il y eut émeute, intervention des consuls, etc., etc.

Pictavinus Borsier, gendre de la malade, qui était *nuncius et procurator hœretico-rum in Tolosa*, n'en fut pas moins arrêté, ainsi que son associé Bernardus Aldrici de *Trito Milio, qui est pagus non longè a Tolosâ* (aujourd'hui Dremil).

CHAPITRE V.

Reprise des leçons à l'Université. — Cinq Maîtres. — Payement intégral du salaire de tous les Maîtres. — Fin de la période décennale fixée par le traité de Paris. — Années 1236-37 à 1239.

A l'époque où les Frères Prêcheurs furent rétablis dans leur couvent de Toulouse et où les Maîtres régents de l'Université se disposèrent à rouvrir leurs cours du premier ordinaire (premier semestre) de l'année scholaire 1236-37, l'obligation imposée au comte Raymond de payer annuellement à ces Maîtres, quatre cents marcs d'argent, devait avoir encore son effet pendant trois ans. Il paraît que l'exécution de cet article du traité de Paris ne cessa pas immédiatement d'éprouver des difficultés. Car le pape Grégoire IX, dans une lettre au Roi, datée du 20 mai 1237, se plaignait encore de la négligence du Comte sur ce point (1). Mais il paraît aussi que toutes ces plaintes furent bientôt sans objet. Car cinq Maîtres de l'Université, en leur nom et en celui de tous leurs collègues, déclarèrent au Légat du Pape Gui, évêque de Sora au royaume de Naples, que ce qui leur était dû leur avait été payé jusqu'à la prochaine échéance de Pâques. Cette déclaration est datée du 4 février 1239 (2).

Il en fut de même pour la poursuite des hérétiques. Guillaume Arnaud et ses collègues reprirent d'abord leurs procédures et continuèrent de rendre diverses sentences rigoureuses, tant contre les vivants que contre les morts. Mais dès le mois de février 1237, Grégoire avait écrit à l'archevêque

(1) *Hist. de Lang.*, l. XXV, § 49.
(2) Voici le texte de cette déclaration :

Venerabili et semper reverendo Patri in Christo domino Guidoni, Dei gratiâ Sorano episcopo, apostolicæ sedis legato,

Magister Luppus, magister P. de Monte-Laudario, magister M. Xantonensis, actores, procuratores seu syndici ab universitate magistrorum Tolosæ, et magister Sicardus, canonicus Narbonensis et magister G. Arnaldi, archidiaconus Lantarensis, de eadem Universitate magistri. Salutem et reverentiam debitam et devotam.

Paternitati vestræ præsentibus duximus intimandum nos recepisse nomine Universitatis et nostro, in pecuniâ numerata D. libras morlanenses ab illustri viro Raymundo Dei gratiâ Comite Tolosano, pro toto salario quod nobis et Universitati debebatur, usque ad instans proximum festum Paschæ, sicut a Sanctitate vestrâ fuit, apud Vaurum, dé consensu expresso partium, ordinatum.

Unde Sanctitati vestræ humiliter supplicamus quatenus præfato Comiti vestras detis patentes litteras quod auctoritate et mandato vestro talis compositio fuit facta et nobis prædicta pecunia pro toto salario quod nobis et Universitati eidem debebatur persoluta.

Datum Tolosæ, pridie nonas februarii, anno Domini 1239 (4 février 1239).

Ainsi, la somme due aux maîtres régents avait été l'objet d'une discussion entre l'Université et le Comte. L'affaire avait été soumise au jugement de Gui, évêque de Sora, légat du Pape. Celui-ci avait entendu les parties à Lavaur, et d'accord avec eux, il avait fixé la somme due jusqu'à la fête de Pâques suivante, à cinq cents livres morlanaisés. Cette somme avait été intégralement payée par le Comte, qui ne devait plus rien au 4 février 1239, en comptant le commencement de l'année du 1er janvier, et non de Pâques, comme on faisait alors.

de Vienne, son légat, de destituer les inquisiteurs contre lesquels le Comte aurait de justes sujets de suspicion et de plaintes. Le légat recommanda l'indulgence et décréta quelques mesures plus douces. Enfin, il vint un ordre de la Cour pour arrêter toutes les poursuites : et il paraît que cet ordre fut exécuté, depuis le mois d'octobre 1237 (3).

Dans ce calme relatif, l'Université put retrouver sa prospérité première, et la foule des écoliers revenir aux leçons de Maîtres s'acquittant régulièrement de leurs devoirs. Mais nous ne connaissons pas même les noms de la plupart d'entre eux, et nous ne pouvons que citer les cinq qui signèrent la déclaration du 4 février 1239, en qualité de procurateurs syndics de l'Université, ou comme simples maîtres, savoir :

Maître Loup, maître P. *de Monte-Laudario*, maître M. *de Saintes*. Ces trois sont qualifiés procurateurs ou syndics de l'Université.

Maître Sicard, chanoine de Narbonne; maître G. Arnaldi, archidiacre de Lanta. Ces deux sont dits simplement maîtres de la même Université.

Nous savons par d'autres documents que maître Loup, dit l'*Espagnol*, était médecin : il enseignait donc la médecine, comme il a déjà été dit (ci-dessus, p. 20).

RÉSUMÉ.

L'Université de Toulouse, pendant ces dix premières années, eut une vie difficile, pleine d'incertitude, d'agitation et de

(3) Frère Guillaume Arnaud et Etienne de Saint-Tiberi, son confrère, commencèrent leurs procédures dès la fin de mars de l'an 1237. Ils les continuèrent jusqu'au mois d'octobre de cette année, et rendirent diverses sentences tant contre les vivants que contre les morts. Ils firent exhumer, entre autres, plusieurs personnes accusées d'être décédées dans l'hérésie et traîner leurs ossements dans toutes les rues, en criant à son de trompe : *Qui aytal fayra aytal perira.* (Ce cri fut celui que, longtemps après encore, le sergent qui assistait à l'exécution d'un condamné jetait au public : *Qui fera ainsi périra ainsi*) Ils firent ensuite consumer ces ossements par les flammes et brûler plusieurs personnes vivantes à Toulouse. (*Hist. de Lang.*, liv. XXV, § 14).

On ne trouve pas dans les anciens registres de l'Inquisition que les inquisiteurs aient procédé par sentence dans le Toulousain, depuis le mois d'octobre de l'an 1237 jusqu'en 1241. (Id. § 15.)

trouble. L'histoire en est comme un drame à nombreux changements de scène et grandes péripéties.

1. La promesse du comte Raymond VII de payer le salaire des quatorze Maîtres qui composaient le *novum Studium Tolosanum* ne fut tenue qu'irrégulièrement, avec beaucoup de retards, qui avaient leurs causes dans plusieurs événements de force majeure et peut-être aussi dans quelques mauvais vouloirs. Les rapports du Comte et de l'Université furent difficiles.

2. Les Consuls de la ville furent mécontents et irrités du zèle ardent que certains Maîtres au moins déployèrent dans les affaires d'inquisition des hérétiques : ils en firent tomber la responsabilité sur la généralité des Maîtres. Les rapports de la Municipalité et de l'Université en devinrent également difficiles.

3. Une partie de la population fut hostile à ces Maîtres, par la même raison (7), et parce qu'elle voyait en eux des étrangers nommés par les hommes du Nord, leurs ennemis vainqueurs, et imposés par eux.

4. De là vinrent des dissensions, des luttes, des émeutes, au milieu desquelles les leçons du *Studium* furent fréquemment troublées et même suspendues et tout à fait interrompues. L'Université à peine née paraissait à chaque instant près de mourir.

5. Mais le Pape en tenait d'autant plus à la conserver et à la consolider. Il ne cessait pas de la protéger; de recommander et même de commander à tous de lui être favorables. L'Université avait là des causes de vivre.

(7) *Missi tunc fuerunt Tolosam quam plurimi magistri de Parisiis et scholares ut Studium generale ibi fieret et fides doceretur ibidem, sicut et scientiæ liberales. Nec hoc valebat ad hæresim extirpandam: Imo* HOMINES HÆRETICALES EOS EX ADVERSO AUDIENTES MULTIPLICITER DERIDEBANT. (Guill. Pelisse, cité par Percin, *Op. de l'Acad,* p. 151.) — Le même Percin dit ailleurs que les propriétaires des maisons et du terrain, dans le voisinage de leur couvent, ne voulaient rien leur vendre, sinon à des prix excessifs, parce qu'ils étaient hérétiques; *propter malevolentiam erga eos possessorum domorum, quorum* MULTI ERANT HÆRETICI. (*Monumenta*, t. I, p. 47.)

Toulouse, Impr. Louis & Jean-Matthieu Douladoure.